Dieses Buch gehört:

....

Z. Suna Dölek
Mit Illustrationen von Sedat Girgin

Ein Geschwisterchen für die Ameise
Karıncanın kardeşi

Aus dem Türkischen von
Ulrike Özdemir

TALISA
KINDERBUCH-VERLAG

Dieses Buch ist auch in folgenden Ausgaben lieferbar:

Deutsch	ISBN 978-3-939619-17-8
Deutsch-Spanisch	ISBN 978-3-939619-15-4
Deutsch-Russisch	ISBN 978-3-939619-16-1

1. Auflage
© TALISA Kinderbuch-Verlag, Langenhagen 2010

Originaltitel: „Karıncanın Kardeşi", © TUDEM, Izmir/TÜRKEI 2008

Alle Rechte vorbehalten.

Desktop Publishing, Projektleitung: Aylin Keller
Gesamtherstellung: Druckkollektiv GmbH, Gießen

Printed in Germany

www.talisa-verlag.de
ISBN 978-3-939619-14-7

Z. Suna Dölek

Ist 1978 in Istanbul geboren. Sie hat an der Mimar Sinan Universität in Istanbul ihr Studium im Fach Kino- und Fernsehfilm abgeschlossen. Ihre Gedichte wurden in verschiedenen Zeitschriften publiziert. Sie hat die Drehbücher für die vier Kurzfilme Temizlik Günü (Putztag), Deus Ex Machina, Küçük Adam Büyük Adam (Kleiner Mann, großer Mann) und Babaanne (Großmutter) geschrieben. Sie lebt in Istanbul und schreibt Drehbücher und führt Regie für Kinofilme und Fernsehserien.

Sedat Girgin

Ist 1985 in Istanbul geboren. Nachdem er das Istanbuler Gymnasium für Bildende Künste, Fachbereich Malerei, absolviert hatte, studierte er an der Mimar Sinan Universität in Istanbul das Fach Industriedesign (Produktdesign). Er lebt in Istanbul.

Es war einmal eine kleine Ameise, die mit ihrer Mutter und ihrem Vater glücklich zusammen lebte. Eines Morgens beim Aufwachen fand diese kleine Ameise neben sich ein Ei!

Bir zamanlar, bir küçük karınca vardı.
Annesi ve babasıyla birlikte mutlu mutlu yaşardı.
İşte bu karınca bir sabah uyanınca bir yumurta
bulmuştu yanı başında!

Und als das Ei aufplatzte, schlüpfte daraus ein winziges, klitzekleines Ameisenbaby.
„Du hast ein **Brüderchen** bekommen!", sagten die Eltern.

Yumurta çatlayınca çıkıvermişti içinden, minicik m i n i m i n n a c ı k bir bebek karınca!
*"Bir **kardeşin** oldu!" demişlerdi ona.*

Ach, hätte die Ameise doch statt eines
Geschwisterchens ein Fahrrad bekommen.
Dann würden alle Freunde sie beneiden.
Oder zum Beispiel eine Taschenlampe…
Ja, eine Taschenlampe mit Batterien ist sehr nützlich.
Drückst du auf den Knopf, dann brennt sie,
drückst du noch mal drauf, geht sie wieder aus.

Aber wozu sollte ein Geschwisterchen gut sein?

Kardeşi olacağına, keşke bir bisikleti olsaydı.
O zaman imrenirdi ona, bütün arkadaşları.
Ya da el feneri mesela…
Bir sürü işe yarar pilli bir fener,
düğmesine basarsın yanar, basarsın söner.

Peki, bir kardeş neye yarar?

Der kleine Bruder der Ameise konnte weder
Ball spielen noch rennen, watschelte wie eine Ente
und fiel alle paar Schritte hin.
Er verlor alle Sachen, wollte sie aber trotzdem haben.
Wenn etwas nicht nach ihrem Willen lief, brach die kleine
Ameise in lautes Gebrüll aus! Ihre Stimme war
wie eine Sirene. Egal, wo sie sich im Haus
auch befand, ihre Mutter hörte sie überall.

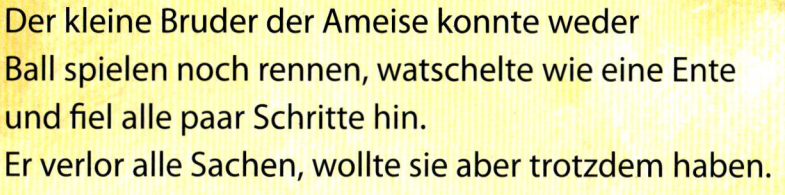

*Karıncanın kardeşi ne top oynayabilir,
ne de koşabilirdi. Paytak paytak yürürdü
ikide bir düşerdi.
Kaybederdi her şeyi ama yine isterdi.
İstediği olmayınca o minicik
karınca başlardı yaygaraya!
Çıngırak gibiydi sesi.
Evin neresinde olsa,
mutlaka işitirdi annesi.*

Was auch immer die Ameise machte:
-ICH AUCH!

Karınca ne yaparsa...
- BEN DE!

-MICH AUCH!
- BENİ DE!

-MEINS AUCH!
- BENİM DE!

Wenn die Mutter
der Ameise ein Pflaster
aufs Knie klebte:
-MIR AUCH!...

*Annesi karıncanın dizine
yara bandı yapıştırsa...*
- BANA DA!...

Egal,
welches Spielzeug
die Ameise in die Hand nahm:
-DAS IST MEINS!

*Karınca hangi oyuncağı
eline alsa...*
- BENİM BU!

Selbst wenn
sie ein Kaugummi kaute:
-GIB MIR
DIE HÄLFTE AB!

Çiğnenmiş sakızın bile...
- YARISINI BANA VER!

-MAMA!
-ANNE!

—MIR AUCH!
- *BANA DA!*

—ICH AUCH!
- *BEN DE!*

—DAS IST MEINS!
- *BENİM BU!*

—IST MIR DOCH EGAL!
- *BANA NE!*

Das Leben der Ameise war alles andere als einfach!

Karıncanın hayatı hiç de kolay değildi!

Eines Tages,
als die Ameise wieder
einmal genug davon hatte,
sich mit ihrem kleinen
Bruder rumzuärgern, fragte sie:
„Mama, darf ich nach draußen gehen?"
Sofort nachdem er das hörte, schrie der
kleine Bruder von drüben:
„Ich komme auch mit!"

*Yine bir gün karınca kardeşiyle
uğraşmaktan bıkınca
"Anne sokağa çıkabilir miyim?" dedi.
Kardeşi bunu duyunca hemen
"Ben de gelicem!"
dıye bagırdı oteden.*

„Mama, bitte, er soll nicht mitkommen.",
jammerte die Ameise. Und hätte sie sich nicht zusammen
gerissen, hätte sie bestimmt angefangen zu weinen.
„Ja, wo gibt's denn so was? Na los, nimm dein Brüderchen
an die Hand…
Aber nehmt euch vor dem KRÜK KRÜK rufenden,
schwalbenschwänzigen Bienenfresser in Acht.
Und geht ja nicht weiter als bis zu dem
roten Gartenschlauch."

Karınca,
"Anne lütfen gelmesin!"
diye mızıldandı. Kendini tutmasa
resmen ağlayacaktı!
"Hiç olur mu öyle şey?
Hadi tut elinden kardeşinin…
Yalnız PRUP PRUP diye öten
kırlangıç kuyruklu arı kuşuna dikkat
edin. Kırmızı bahçe hortumunun
ötesine de sakın geçmeyin."

Die Ameisenfamilie war erst vor kurzem in dieses Viertel gezogen. Die Spielkameraden von ihrer Straße waren alle echte Draufgänger.

*Karıncalar bu mahalleye yeni taşınmışlardı.
Sokaktaki arkadaşlarının hepsi de pek yamandı.*

Die Schnecke trug ein gewundenes Schneckenhaus auf ihrem Rücken.
Der Grashüpfer war sehr sportlich und konnte in die höchsten Höhen hüpfen.
Die Spinne schnellte – ssst – nach oben und nach unten.
Sie waren alle wirklich tolle Kerle.

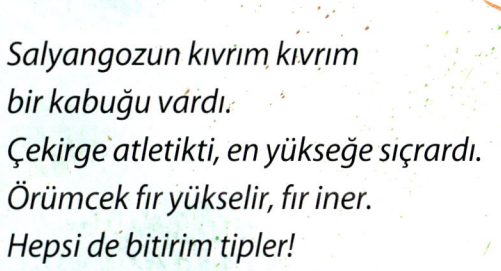

*Salyangozun kıvrım kıvrım bir kabuğu vardı.
Çekirge atletikti, en yükseğe sıçrardı.
Örümcek fır yükselir, fır iner.
Hepsi de bitirim tipler!*

Und unsere Ameise…
Sie hatte weder ein Schneckenhaus noch lange Beine.
Sie konnte sich weder wie die Kellerassel zu einer Kugel zusammen rollen
noch wie die Libelle fliegen. Sie war kleiner und langsamer als alle anderen.
Und jetzt hatte sie zu allem Übel noch **einen Klotz am Bein.**

Karıncaya gelince...
Ne bir kabuğu vardı ne uzun bacakları.
Tespihböceği gibi yuvarlanamaz,
yusufçuk gibi uçamazdı.
O hepsinden küçük, hepsinden yavaştı.
Üstelik şimdi yanında
bir de **ayak bağı** *vardı.*

„Los, kommt! Ich kenne ein richtig tolles Spiel.", sagte der Grashüpfer.
„Aber auf der anderen Seite des roten Gartenschlauches."
Die anderen waren sofort einverstanden; denn sie waren
wie immer auf ein Abenteuer aus.

"Hadi gelin, esaslı bir oyun biliyorum." dedi çekirge.
"Ama kırmızı hortumun ötesinde."
Hemen kabul etti ötekiler,
her zamanki gibi macera peşindeydiler.

Das Brüderchen der Ameise aber hatte Angst. „Lass uns lieber nicht mitgehen. Sonst wird Mama noch böse auf uns." sagte er.
„Mama wird nicht böse werden, wenn sie nichts weiß, wenn so ein kleiner Petzer nicht hingeht und ihr was erzählt."
„Ich bin kein Petzer!", fing der Kleine an zu schreien.

Korktu karıncanın kardeşi
"Biz gitmeyelim!" dedi. "Annem kızar sonra bize."
"Annem hiç de kızmaz!
Eğer bir şey bilmezse,
eğer bir küçük gammaz
gidip de söylemezse!"
"Ben gammaz değilim!"
diye bağırdı ufaklık.

Als sich die Augen ihres Bruders mit Tränen füllten, konnte sie nicht anders als ihn zu besänftigen. „Ist ja schon gut, Kleiner. Fang nicht gleich an zu heulen. Los, komm, mach auch bei unserem Spiel mit!"

Kardeşinin gözleri dolu dolu olunca, elinde olmadan yumuşadı karınca...
"Tamam oğlum ya,
hemen ağlamaya başlama.
Gel hadi, sen de katıl oyuna!"

Der Kleine hörte auf zu weinen und guckte neugierig lächelnd zu seinem Bruder auf. „Hör zu, du kriegst eine wichtige Aufgabe. Du wirst unser Aufpasser. Krabbele dort oben auf den Wasserhahn. Wenn Mama in unsere Richtung kommt, dann bläst du in die Trillerpfeife und warnst uns."

*Karıncanın kardeşi ağlamayı bıraktı.
Gülümseyerek merakla ona baktı.
"Bak, senin görevin önemli... Sen gözcü olacaksın.
Şuraya, musluğun üstüne çıkacaksın.
Annem bu tarafa gelirse, bu düdüğü
öttürüp bizi uyaracaksın."*

Die kleine Ameise glaubte wirklich, dass sie eine wichtige Rolle in dem Spiel hätte. Überglücklich machte sie sich davon und kletterte nach oben auf den Wasserhahn.

Karıncanın kardeşi oyunda önemli bir rol alacağına inandı. Sevinçle uzaklaşıp musluğun tepesine tırmandı.

Die Pfütze wurde zum stürmischen Meer und ein riesiges Blatt zu ihrem Piratenschiff. Alle waren so gebannt von ihrem abenteuerlichen Spiel, dass sie das laute KRÜK KRÜK überhaupt nicht hörten!

KRÜK!
KRÜK KRÜK!
KRÜK KRÜK KRÜK!

Fırtınalı bir deniz oldu su birikintisi.
Kocaman bir yapraktı korsanların gemisi.
Oyunun heyecanı sarmaladı hepsini
Hiç duymadılar bile PRUP PRUP sesini!

Oh weh! Zu spät! So ein Jammer!
Nun waren sie doch erwischt worden!
Es war der Ruf des Bienenfressers!
Jetzt würde er sie alle verschlingen!

Eyvah! Çok geç! Pek yazık!
İşte yakalandılar!
Kırlangıç kuyruklu arı kuşu bu!
Şimdi hepsini yutar!

Die Libelle flog auf und davon.
Der Grashüpfer hüpfte schnell weg.
Die Spinne kletterte in ihr Netz.
Die Schnecke versteckte sich in ihrem Haus.
Die Kellerasseln rollten sich zusammen und kugelten davon.
Nur unsere Ameise blieb ganz allein zurück!

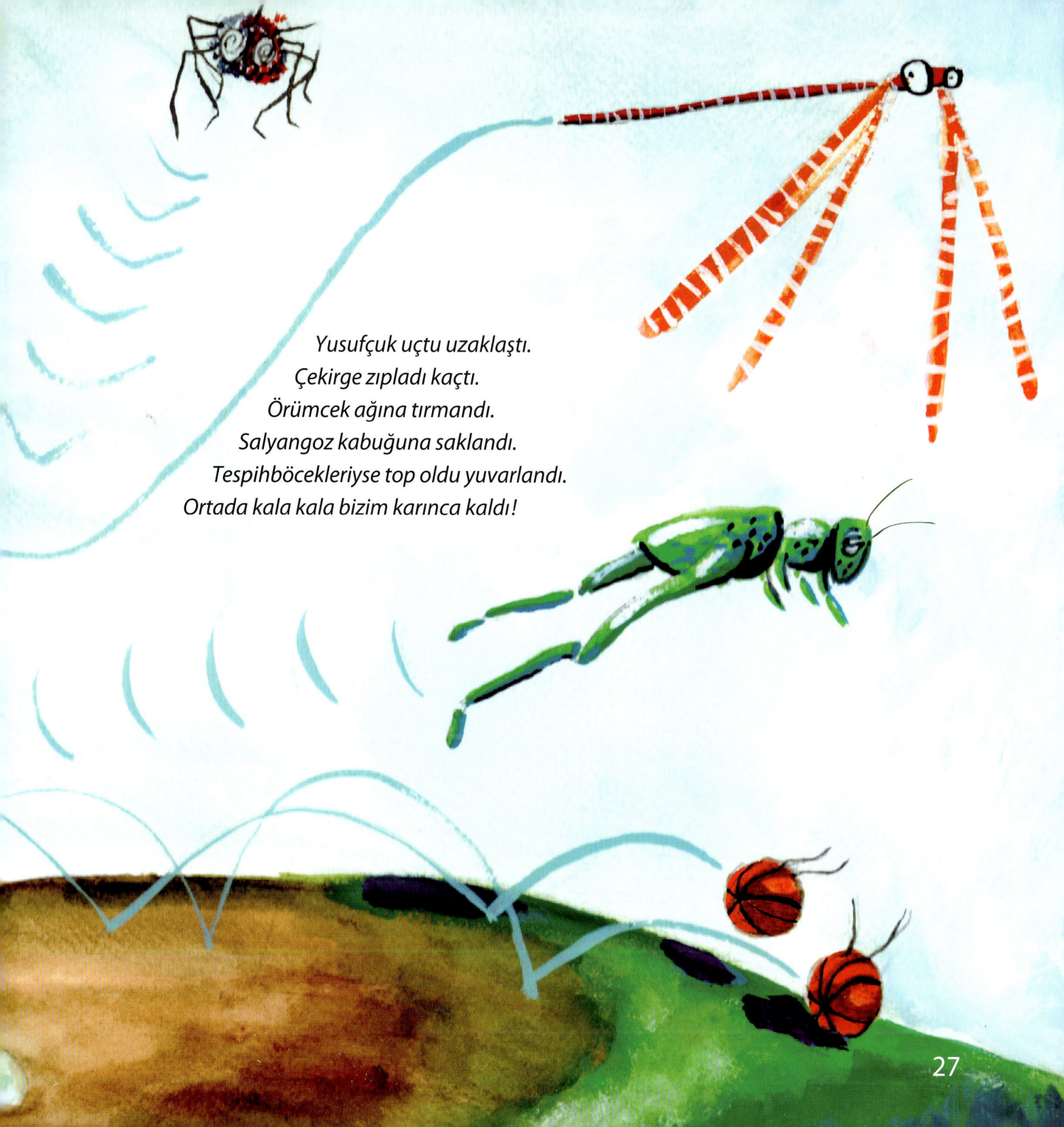

Yusufçuk uçtu uzaklaştı.
Çekirge zıpladı kaçtı.
Örümcek ağına tırmandı.
Salyangoz kabuğuna saklandı.
Tespihböcekleriyse top oldu yuvarlandı.
Ortada kala kala bizim karınca kaldı!

Der Bienenfresser machte sich bereit,
die Ameise zu verschlingen.
Doch die Ameise hatte nur eins im Kopf,
ihr **Brüderchen.**
Es war noch so klein und
konnte nicht schnell genug weglaufen,
es konnte sich auch nicht selber schützen.
Sollte ihm gar etwas zustoßen?
Sollte ihn etwa der Bienenfresser verschlingen?

Arı kuşu karıncayı yutmanın peşindeydi.
Oysa karıncanın aklı
kardeşindeydi.
Küçüktü kaçamazdı,
kendini koruyamazdı.
Başına bir şey gelmiş olmasın?
Sakın arı kuşu onu yutmasın?

Der kleine Bruder jedoch hatte die Gefahr bemerkt. Mit aller Kraft blies er in seine Trillerpfeife. Und während der Bienenfresser noch überrascht nach der Quelle des Geräusches suchte, nahm die Ameise blitzschnell ihr Streichholz-Schwert und steckte es in den geöffneten Schnabel des Vogels. Der Bienenfresser war vollkommen verblüfft. So sehr er sich auch bemühte, sein Schnabel ließ sich einfach nicht schließen.

Ama karıncanın kardeşi görmüştü tehlikeyi.
Elindeki düdüğü var gücüyle üfledi!
Arı kuşu düdüğün sesiyle şaşırınca,
kibrit çöpünden kılıcını bir anda kuşun
açık gagasına yerleştirdi karınca!
Arı kuşu iyice afalladı. Ne kadar uğraşsa da
gagası kapanmadı!

Der Bienenfresser ergriff hastig die Flucht, und während seine Federn überall wirbelten durch die Luft, verschwand er am Horizont.
Die Ameise war so klein und zart, aber sie hatte einen Bruder an ihrer Seite!...
Schließlich haben die Geschwister den Kampf gemeinsam gewonnen!

Arı kuşu telaşla hemen oradan kaçtı.
Tüylerini saçarak hızlıca uzaklaştı.
Karınca ufak tefek, ama yanında kardeşi var!...
Savaşı iki kardeş birlikte kazandılar!

Die anderen Freunde, die dieses unglaubliche Abenteuer
beobachtet hatten, kamen nun nach und nach
aus ihren Verstecken hervor.
Neidisch guckte die Spinne zu den beiden
kleinen Ameisen hinüber und sagte:
„Ach, hätte ich doch auch nur Geschwister!"

*Bu müthiş macerayı izleyen ötekiler,
saklandıkları yerlerden çıktılar birer birer.
İki küçük karıncaya imrenerek:
"Keşke benim de kardeşim olsaydı!"
dedi örümcek.*